TODO LO QUE ODIAS DE TU SIGNO (Y TODAVÍA NO SABES)

SAGITARIO

TODO LO QUE ODIAS DE TU SIGNO

(Y TODAVÍA NO SABES)

SAGITARIO

Una guía para sobrevivir a ti mismo

temas de hoy

174

Edición a cargo de Charas Vega
Corrección de estilo a cargo de Alba Armario

Desarrollo editorial: Anónima Content Studio
Redacción: Catalina Torres-Benjumea / María José Fermi
Cuidado editorial: Equipo Editorial Anónima Content Studio
Diseño: Anónima Content Studio / Lyda Sophia Naussán R.
Imágenes de interiores: © FreePik
Ilustración de la cubierta: Anónima Content Studio / Sheila Norma Alvarado Peña

Primera edición en español:

Bajo el sello editorial DIANA M.R.

temas de hoy, un sello editorial de Editorial Planeta, S. A.
Avda. Diagonal, 662-664, 08034 Barcelona (España)
www.planetadelibros.com

Primera edición en esta presentación: septiembre de 2024
Segunda impresión: noviembre de 2024
ISBN: 978-84-19812-85-8
Depósito legal: B. 12.106-2024
Composición: Realización Planeta
Impresión y encuadernación: Huertas Industrias Gráficas, S. A.
Printed in Spain - Impreso en España

PEFC Certificado
Este libro procede de bosques gestionados de forma sostenible
PEFC
PEFC/14-38300305
www.pefc.es

«No tenemos que avergonzarnos
de coquetear con el zodiaco.
Vale la pena coquetear
con el zodiaco.»
D. H. Lawrence

ÍNDICE

PRÓLOGO

Querida Sagitario, eres el signo con el que mejor me lo paso, tu energía es contagiosa y eres un rayo de alegría allí por donde pasas. Cuando hablamos de Sagitario, el signo del centauro, nos referimos a una persona con una gran energía impulsada por dos fuerzas: la del caballo (la pasión) y la del hombre (la razón).

Son el noveno signo del Zodiaco, de fuego, representan las piernas y son de modalidad mutable. ¿Qué significa esto?

El hecho de que sea el noveno signo significa que ya ha pasado la primera mitad de su vida. Su momento vital estaría situado a finales de los cuarenta. Cuenta con una cierta estabilidad económica que le deja la libertad para irse donde sea, se ha cansado de la obsesión paralizante de la vida de Escorpio, su escalón anterior, y se ha montado un viaje a Tailandia que le ha cambiado la vida. Es Julia Roberts en *Come, reza, ama*. Tiene una enorme obsesión por viajar, no puede estar quieto;

le cuesta entregarse al compromiso y eso se nota. Los Sagitario son muy aventureros y nada aburridos. Sagitario lucha por no tener obligaciones, para este signo la libertad está por encima de todo.

Que les representen las piernas tienen que ver sobre todo con el simbolismo del caballo, tampoco le des más vueltas.

Hemos dicho que son mutables. Quiere decir que tienen facilidad para ser flexibles y evolucionar como individuos. Por eso mismo tienden a tener vidas muy caóticas y son de darse a los excesos. El bohemio del zodiaco. Son muy apasionados, no en vano el elemento que les representa es el fuego. Destacan por ser filosóficos, a veces demasiado (más de uno es un pelmazo de competición...). Este halo de misterio hace que a la hora de ligar sean percibidos como magnéticos. Además, se les da genial hablar y engatusar.

¿Defectos? Son muy directos. MUCHO. Esto no tiene por qué ser malo, pero la sinceridad sin empatía que suele caracterizar al signo no es apta para las pieles más sensibles. Ah, y si una cosa es cierta es que tienen muy mala hostia.

Charas Vega (@charcastrology)

INTRODUCCIÓN

Todos hemos escuchado hablar de los horóscopos. Están en nuestra vida diaria, casi casi en nuestro ADN: que tu amiga comenzó a salir con un Piscis, que tu jefe resultó ser Leo o que por alguna razón eres muy organizada, y casualmente eres Virgo. Pero hay más que eso. La astrología influye en ti y tus relaciones con el universo en general.

En este manual para la vida te invitaremos a reconocerte en aquellas cosas que odias de tu signo (y todavía no sabes). Creemos que en la oposición están también las fortalezas; en reconocer lo que somos y lo que no. Hacer tuyo todo esto te hará mejor. ¿No es así, Escorpio? ¿Te suena, Acuario? Así que hemos recopilado todo aquello que no quieres reconocer y te lo hemos dejado bien clarito para que no te quepan dudas y puedas interactuar mejor con los demás y, por supuesto, contigo mismo.

Unas cuantas reglas de este universo

Te pedimos que dejes la lógica afuera —va para los Virgo—, y que después de leer esta guía analices tu vida e intercambies ideas y opiniones —sigue tu propio ejemplo, Géminis—. Lo que deseamos es que no te inventes historias en la cabeza; si eres Cáncer, ese mensaje es para ti, claramente. ¡Haz caso a las estrellas y déjate llevar!

Pero antes de empezar te pedimos que no dejes que nuestro tono sarcástico o nuestra ironía afecte tu sensibilidad, hay que tener sentido del humor en esta vida; hay que aprender de Sagitario. Nosotros hemos gozado escribiendo este manual de vida desde el humor negro. Primero, porque esa es una estrategia para afrontar mejor el estrés o algunos eventos críticos de la vida. Segundo, porque ayuda a reconocer que te equivocaste —toma nota, Aries—. Y tercero, porque simplemente es más divertido hacerlo así.

El escritor estadounidense Mark Twain —típico Sagitario— lo definió de este modo: «El ser humano solo tiene un arma efectiva: el humor». A lo que el poeta francés Jean de Santeul —otro Sagitario— añade: *Castigat ridendo mores*, es decir: «Corrige las costumbres riendo». Así que nos lo hemos tomado en serio y en esta guía te mostraremos un camino que va por ese lado.

LOS 12 SIGNOS DEL ZODIACO

Este no es uno de esos libros de horóscopos que romantiza la astrología y solo ve lo bueno de los signos, ese que ya tanto conoces y que has leído desde siempre. Aquí te vamos a decir «lo rudo» de los signos, por así decirlo: la verdad salvaje de cada uno, sin anestesia. Mejor dicho, este es un ANTIHORÓSCOPO: una guía de todo lo que no son, y que en realidad los pinta de cuerpo entero. Agarraos que allá vamos.

ARIES

21 de marzo–19 de abril

Aries, tú no conoces el límite. Con tu cornamenta lo empujas siempre para demostrar que puedes hasta con lo inalcanzable, incluso si acercarte a las llamas significa que puedas quemarte de vez en cuando. Eres puro fuego, pasión e impulso. ¿Ser uno más de la manada? Imposible. ¡Jamás! Tú no naciste para seguir al resto, sino para liderar.

Elemento: Fuego - **Regente:** Marte

TAURO

20 de abril–20 de mayo

Tauro, tú no naciste para sufrir. Eres un gozador nato. No entiendes cómo hay gente que no disfruta todos los placeres de la vida a cada momento, en cada instante. Aunque puedas parecer muy hedonista, la realidad es que —como buen toro— tienes los pies sobre la tierra. Eres confiable y estable. Eso sí, lo testarudo nadie te lo quita.

Elemento: Tierra - **Regente:** Venus

GÉMINIS

21 de mayo–20 de junio

Arriba o abajo. Blanco o negro. Amor u odio. Géminis, a ti el punto medio te da alergia. A ti lo que te gusta son los extremos, puedes pasar de un extremo al otro como quien cambia de ropa interior a diario. Te habita un par de gemelos que van a su estilo, los dos muy guapos, muy hermosos; ellos son los reyes de la calma y de las buenas bromas.

Elemento: Aire - **Regente:** Mercurio

CÁNCER

21 de junio–22 de julio

Cáncer, tú que odias la inestabilidad y las ambigüedades, siempre estás listo para zambullirte en el mar de emociones que es la vida. ¿Viene una ola de alegría? Ahí estás. ¿Viene una ola de tristeza o mal humor? ¡Caparazón, para eso te tengo! La intuición pocas veces te falla, por eso eres el consejero del zodiaco, aunque tu sensibilidad a flor de piel a veces te traiciona.

Elemento: Agua - **Regente**: La Luna

LEO

23 de julio–22 de agosto

Confiesa, Leo, cuando entras en una habitación piensas para ti: «Abran paso a su alteza, rey de la selva, primero de su nombre, señor de las constelaciones y protector de todo el reino zodiacal». Y es que naciste para brillar y liderar. Aunque a veces ese poder se te suba a la cabeza y reines en la oscuridad de tu propia soberbia.

Elemento: Fuego - **Regente:** El Sol

VIRGO

23 de agosto–22 de septiembre

Vamos a delatarte, Virgo. No hay nada que te saque más de quicio que te cambien los planes. Tú no dejas nada fuera de orden, eres amante de las hojas de Excel y las agendas. Si de último minuto te cancelan una cita, no hay poder humano que te haga aceptar otra. Tienes un espíritu eficiente y perfeccionista que no puedes con él.

Elemento: Tierra - **Regente:** Mercurio

LIBRA

23 de septiembre–22 de octubre

Que no te pidan enfrentar un conflicto o tomar una decisión radical, Libra. Tú eres el amo y señor de los matices. Te sientes cómodo moviéndote en un sinfín de tonos grises. Como buena balanza que eres buscas el equilibrio, pero sueles tener respuestas que no son «ni fu ni fa». Ahora bien, lo que te sobra de indeciso lo tienes de sobra en acto y espíritu conciliador.

Elemento: Aire - **Regente:** Venus

ESCORPIO

23 de octubre–21 de noviembre

Ni olvido ni perdón. Los que dicen que los monstruos no existen no te conocen enfadado, Escorpio. Y una vez que clavas el aguijón no hay vuelta atrás. No hay disculpa que sirva; «ojo por ojo y diente por diente» es tu ley. La memoria es tu aliada, pues tampoco olvidas los buenos gestos que otros han tenido contigo. Magnético y pasional, andar a tu lado es abrazar el misterio y saltar al vacío sin saber si el paracaídas abrirá o no.

Elemento: Agua - **Regente:** Plutón

SAGITARIO

22 de noviembre–21 de diciembre

No tener planes no es lo tuyo, Sagitario. Quedarte quieta o quieto, tampoco. Los días duran 24 horas, pero los tuyos tienen 30. Si no tienes nada que hacer, te lo inventas. Eres pura aventura, vives para intentar cosas nuevas: viajar a lugares desconocidos, degustar platos exóticos y probar cuanta posición en la cama tu cuerpo te permita.

Elemento: Fuego - **Regente:** Júpiter

CAPRICORNIO

22 de diciembre–19 de enero

Para ti, Capricornio, no existe peor pecado que no cumplir una promesa. La palabra es palabra; si no, azote. Tú ordenas tu mundo con una línea imaginaria que divide todo lo que está bien de lo que está mal y más les vale —¡y a ti también!— estar del lado correcto. Si la vida es una montaña, tú naciste para treparla y llegar a la cima, aunque cueste sangre, sudor y lágrimas.

Elemento: Tierra - **Regente:** Saturno

ACUARIO

20 de enero–18 de febrero

¿Seguir las reglas del juego? Eso nunca. Las pautas y normas no se inventaron para ti, Acuario. Tú estás lejos de ser casto y puro. Eres libertino y cuestionas hasta el cansancio. Buscas nuevos caminos para innovar y, ¿por qué no?, liberar todo aquello que consideras injusto. Lo que tienes de audaz e intrépido, también lo tienes de impredecible y esquivo.

Elemento: Aire - **Regente:** Urano

PISCIS

19 de febrero–20 de marzo

A ver si Piscis nos presta atención. Deja tu realidad paralela un segundo, por favor. Sabemos que no te gusta sentirte preso y que tu respeto por las convenciones es tan abstracto que dejas que todo fluya por otro lado. Si las cosas se ponen difíciles, te esconderás entre los corales; pero cuando estés preparado, ¡vaya!, saldrás a la superficie para dar un coletazo si te desafían.

Elemento: Agua - **Regente:** Neptuno

SAGITARIO

TOTALMENTE COMPROMETIDO CON LA LIBERTAD Y LO *delicioso*.

ANIMAL

El centauro no es un animal completo, son dos medios animales en el cuerpo de uno. La parte superior del tronco es de hombre, de ahí para abajo es un caballo. ¿Cómo pasó eso? Ya sabes, como pasa con todos los dioses griegos. Un día la ninfa Fílira andaba muy guapa por ahí y Cronos, que ya estaba casado con Rea, no quiso dejar pasar la oportunidad de tener una noche maravillosa con ella, pero sin ser descubierto por su esposa. Entonces se volvió caballo y con esa fuerza la dejó embarazada de Quirón, un pequeño centauro que más tarde llegó a ser un sabio de la medicina, un arquero muy hábil y un ser muy querido por todos.

CONSTELACIÓN

No te emociones tanto, Sagitario, tu constelación es llamada «tetera» porque esa cantidad de estrellas dispersas por todo el cielo parece más un recipiente para hacer té que un centauro con arco y flecha. En todo caso, representa la conciencia superior y la sabiduría. Ya sabemos que esto no te ayuda a mantener la humildad, pero ¿qué hacemos, si eres insoportablemente genial como Quirón? Se nos olvidaba contarte que, en una de las versiones de este mito, Hércules hirió accidentalmente con una flecha envenenada al centauro, por lo que este carga siempre una herida que nunca sana. Pero eso no le quitó su amabilidad y siguió enseñando el arte del arco a muchos guerreros famosos.

SÍMBOLO

Una flecha con una línea que la cruza es el glifo que te pusieron y, claramente, hace referencia al arquero que llevas dentro, pues donde pones el ojo pones la flecha. Fuiste dotado de una constelación que se ve todo el tiempo en el cielo y de una poderosa tendencia a ser líder sin esfuerzo. Pero, como todo no puede ser bueno, también eres mandón y vives en un mundo tan positivo que a veces exageras las verdades y las multiplicas solo por ponerle más adornos, más crédito, y así sucesivamente.

PLANETA REGENTE

Júpiter es el planeta de la expansión, de la sabiduría y de la buena suerte. Además, es el más grande de todos y ¿a que no adivinas a quién representa?, claro que sí, a Zeus. Que no te vengan con cuentos de la selva y el sol. Tú eres el dios más importante para la mitología griega, al que le hacen pedestales y los demás dioses le piden permiso hasta para hablar.

Y bueno, tienes el elemento de los líderes, pero te dieron además el don de la profundidad y la reflexión, los otros dos compañeros tuyos —Aries y Leo— son muy apasionados. Y si bien a ti te compartieron la pasión suficiente para ser muy fogoso y hacer realidad lo que te dé la gana, las sensibilidades y los berrinches no entran en tu cancha, tú eres el hermano mayor de los tres: sabio y maduro.

Este planeta también influye en ese darle vueltas a todo tan tuyo. Te pasas el día buscando un significado a todo, desde preguntas filosóficas y el gran sentido de la vida, hasta qué pasaría si existiera un color más oscuro que el negro. Y creemos tanto lo que dices que cualquiera de tus respuestas puede llegar a convertirse en una verdad absoluta para nosotros.

Por último, vamos a confesarte un secreto, pero no abuses. Sagi, tú siempre despiertas con el pie derecho porque Júpiter cuida tu camino con buena suerte. No hay día en que no esquives bien los problemas. La balanza siempre se equilibra hacia tu lado gracias a tu planeta regente y a veces no es justo para los demás que, encima de todo, tengas un carisma que enamora a cualquiera. ¡Déjale algo a los demás!

ELEMENTO

Todos sabemos que los signos de fuego son ardientes, dicen lo primero que piensan, son aventureros, independientes, viscerales, pisan fuerte... Pero no todo es tan maravilloso, ¿has visto que el fuego que calienta es el mismo que achicharra? Se dice mucho que los signos de fuego son apasionados, son personas brillantes, iluminan, pero a veces queman.

Es un hecho que tienes mucho de apasionado, de testarudo y de mandón, pero a ti te lo pusieron en otros lugares no tan peligrosos como los de los otros signos de fuego. Tú tienes, más bien, un espíritu aventurero que no solo te lleva a hacer descubrimientos (como el niño explorador que llevas dentro), sino también a preguntarte por el significado del significado, que mejor consultas con tus amigos filósofos.

Como los otros fuegos —Leo y Aries— tienes energía para regalar que, unida a su intensidad, da como resultado un gran impulso de superación y crecimiento.

Siempre eres de los que salen adelante, tienes ese bicho que te hace alcanzar lo que te propones. Y una vez ahí, te vuelcas completamente a disfrutar lo que has conseguido.

Hemos hecho el recuento de votos del zodiaco y ganaste la categoría de «El copiloto más divertido de toda la astrología». Aunque tus otros hermanos de fuego tienen lo suyo, tú eres ese al que todos quieren invitar a sus *roadtrips* porque saben que contigo hasta la ida al parque de la colonia se convierte en un día lleno de carcajadas. Antes de terminar esta sección nos parece importarte resaltar que ganaste la categoría del más gracioso, mas no del que sabe distinguir la derecha de la izquierda, ojo ahí cuando te toque monitorear la ruta del viaje.

PERSONALIDAD

¿QUÉ NO ERES, SAGITARIO?

Para qué comerse el mundo con lo indigesto que es. No lo sabemos, pero tú vas a hacer la prueba cada vez que puedas. Siempre quieres explorarlo todo, no aprendes si no eres el que mete el dedo en el fuego. Eres conocido porque tienes más energía que todos los que te rodean y tu frase cada vez que se acaba la fiesta es: «Y ahora, ¡¿dónde la seguimos?!».

Las aventuras que tienen que ver con caminar por el mundo y conocer nuevos lugares que te enseñen cosas nuevas son el mejor plan para ti. Y que nadie te diga cuál es la verdad, para eso está la vida, hay que tener la experiencia para poder saber. Por eso andas metiendo las patas de lugar en lugar, las advertencias te pasan por un lado y ni te enteras. Tu terquedad, tan característica de los signos de fuego, está en la sabiduría y en construirla tú solito, como los niños en la etapa del «yo, yo, yo...».

Lo que está pegado con chicle, que se caiga

No te duele que las personas se vayan, todo eso que estorba que deje de pesar. El desapego con el que te hicieron es envidiable, el peor pecado que pueden cometer contigo es hacer que te sientas atrapado, pues para ti el sinónimo de felicidad es la independencia y libertad. Las personas tóxicas no se pueden acercar porque las hueles y te da sarpullido en la libertad, es una enfermedad de la que te puedes morir. No estás interesado en tener relaciones porque sí, si te gusta una persona es porque, a tus ojos, luce especial y diferente. El problema es que confundes el amor con las ganas de hacer pipí y, en tu optimismo desmesurado, metes la cabeza y la cola. Lo malo: te hacen daño con frecuencia. Lo bueno: un clavo saca otro clavo. Eres fuerte, independiente y mientras otros signos se guardan, tú te obligas a salir y a encontrar otra persona especial. No sabemos cómo, pero hasta en un desamor ves el vaso medio lleno, Sagitario.

Si solo te vas a quejar, aquí no es

Una de las cosas más molestas para ti es que te utilicen como hombro en el que llorar, que lo escuches, lo aconsejes, ¡y no te haga caso! Sabemos que eres superbondadoso con tu tiempo y te encanta ayudar a la gente, pero todo tiene un límite. Otra de las cosas que no soportas es que te den órdenes, todos podemos ver la vena que te quiere explotar en la frente. ¿Quiénes se creen esos que te dan órdenes? Cuando ves que quieren tener poder sobre ti, se te pone la piel de gallina y te salen llamas de los ojos. Los gritos, los dramas y las malas maneras son el infierno y sacarán el demonio que hay en ti.

Eres el fuego airoso

Realmente, salvo algunos encuentros con seres amargados, eres un mar de sonrisas y simpatía con el mundo, Sagitario. Eres el más divertido y hasta en los peores momentos arrancas sonrisas; lo haces todo más liviano. Eres ingenioso y eso, sumado a tu humor negro inteligentísimo, es la bomba; siempre queremos tenerte cerca en todos nuestros planes. Además, no te importa quiénes son los invitados, los tratas con amabilidad a todos por igual y provocas miles de carcajadas en una reunión, ¡hasta que nos duela la barriga! Valoras la honestidad: es imperativo que quienes te rodean sean de «verdad verdaderos». Eres el que les inyecta vida a tus amigos, aunque a veces se te van las luces y por ir buscando experiencias nuevas y confiar en tu buena suerte, te destornillas contra el mundo. Serías el mejor signo de aire si hablaras más e hicieras menos.

DEFECTOS

Lo que te dieron de independiente, también de impaciente. No se te da bien controlar la frustración ni la tolerancia con otros, estimado centauro.

A veces eres poco confiable con las decisiones que tomas porque no mides las consecuencias y te llevas por delante un montón de gente a la que ni siquiera sabías que podías afectar. Eres especialista en huir de tus responsabilidades, ¡ojo con eso!

Tienes la autoestima por las nubes, confías demasiado en ti y te vuelves arrogante y terco, ahí te sale todo tu elemento mandón y creído.

Tu filtro está dañado y a veces no sabes decir las cosas, te falta tacto para comunicar tus incomodidades y eso te hace ver un poco cruel. ¡Sin darte ni cuenta, por supuesto!

Eres muy testarudo, esos cuernos no te dejan cambiar de opinión ni de rumbo. Eso puede hacer que las personas con las que te relacionas se alejen, porque no se pueden equivocar a tu lado.

Aunque tu mente debe estar diciéndote «¡Eso que dicen es totalmente falso!», queremos que respires hondo, te tomes un minuto y vuelvas a leer toda la página lentamente. Tú vives bajo el mantra «primero actúa y luego piensa», pero sería bueno que, de vez en cuando, no te dejaras llevar por tu irrefrenable deseo de acción sin medir las consecuencias.

LO QUE TE HACE SUPERIOR

Todos los fuegos son metepatas, pero tu falta de filtro al decir las cosas es increíble. La verdad es que la mayoría de problemas en los que te metes son por ser impaciente y bocazas. La impaciencia te lleva a aburrirte rápidamente. Vas diciendo lo que sientes y lo aburrido que estás en esa fiesta sin tener en cuenta que el anfitrión está al lado y que es un Cáncer hipersensible que te invitó con todo el amor del mundo, pero no lo ves. Y en vez de arreglarlo, no soportas que te dejen con la verdad en la punta de la lengua. Eso sí, una de las cosas que te hace superior al resto de los signos fuego es que eres un alma tan transparente, que cuando sí te lo estás pasando bien en una fiesta, te conviertes en el mediador de la diversión. Eres de esos que si ve a alguien sentado y aburrido, ¡lo saca a bailar!

TU PEOR INSULTO

- Que te digan que eres normalito.
- La verdad, no soportas que te digan «básico», por ningún motivo.
- Que te digan que no eres bueno en la cama.
- Que te pregunten: «¿Cómo te llamabas?».
- Que te cambien por una persona que consideres inferior (menos atractiva, menos inteligente).
- Que te digan que eres mal amigo.

«EL LÍMITE NO EXISTE»

Eres el signo que más necesita los límites, la independencia y la soledad, todo junto y revuelto, Sagitario. Tus relaciones funcionan siempre que te den espacio. Pero llega ese humano que te cae justo donde te gusta y le ves todo el potencial, hasta podrías tener una mascota con ese ser, y te conviertes en lo que más odias, no quieres despegarte ni para ir al baño. Hasta pueden verte melifluo y pegajoso. *Wait, what?* ¿Un Sagitario emocional?, eso no es verdad. Tu madre y tu ex no te reconocerían. Pero sí, hasta te hemos visto escribiendo poemas de amor. Por eso le tienes tanto miedo a querer, porque no te reconoceríamos más.

TU LADO *DARK*

Eres un espíritu libre, nadie te atrapa, hasta que conoces a una persona que termina siendo todo lo que podrías desear en el mundo. Pero como el compromiso es el diablo para ti no puedes disfrutar del presente, de hablar largo y profundo, de viajar y simplemente experimentar el milagro de los buenos días cada día. Entonces empiezas a crear unas películas de miedo dignas de un premio Óscar. El pobre ser humano todavía no ha hecho siquiera su primer movimiento, pero tú empiezas a hiperventilar y sales corriendo. El otro nunca se entera de lo que pasó, probablemente ni se quería casar, pero tú huyes antes de que el problema sea de la vida real. Y sí, Sagitario, sabemos que tu intuición es envidiable, pero no olvides nunca que tu imaginación te supera con mucha frecuencia.

ASESINOS EN SERIE

Sagitario tiene aptitudes muy buenas para ser un *serial killer*. Sin embargo, son unos bocazas.

Por un lado, Sagitario es pasional, y la pasión es un motor bastante común del homicidio, pero no es nada recomendable si piensas subir tu cifra de asesinatos a más de uno.

Por otro lado, Sagitario es el rey del *charm*: un vendemotos profesional. Sería capaz de convencer al mismísimo diablo sin esforzarse demasiado, pero lo sabe, y esto puede ser su talón de Aquiles... Lo más probable es que lo pillen.

Bajo este signo nació la mayor *rockstar* del gremio:

Ted Bundy: El Mick Jagger del *true crime*. Un hombre carismático, un ligón que no levantó sospechas y que incluso consiguió convencer a mucha gente de su inocencia aun existiendo pruebas irrefutables que lo incriminaban.

MODA

Si hay un amante de las lentejuelas y los terciopelos este es el signo de Sagitario. Para Sagi, «más es más», la expresión Glam Rock aparece en el diccionario junto a la definición de este signo.

Si algo adora son los tonos oscuros, el rojo, el negro y el azul marino. Saben cómo combinar plumas, pelo y transparencias para demostrar al mundo entero que ellos en otra vida fueron David Bowie (Capricornio, pero no haremos caso a eso).

Por último, hay que reconocer que el estilo de este signo puede rayar lo hortera, pero en este caso es algo bueno: estos sinvergüenzas son unos *trend setters* porque no tienen miedo de nada.

PLAYLIST

Canciones Sagitario de artistas Sagitario:

- Jim Morrison — *An American Prayer*
- Miley Cyrus — *Younger Now*
- Yeah Yeah Yeahs — *Maps*
- Taylor Swift — *I knew You Were Trouble*
- Billie Eilish — *bad guy*
- Julieta Venegas — *Eres para mi*
- Britney Spears — *Oops!...I Did It Again*
- Jimi Hendrix — *If 6 Was 9*
- Tom Waits — *Jockey Full Of Bourbon*
- Teyana Taylor — *Issues/Hold On*

PERSONAJES FICTICIOS

El capitán Jack Sparrow, de *Piratas del Caribe*

Si algo define tanto a Jack Sparrow como al signo de Sagitario es la palabra «vividor». Un pirata que va de puerto en puerto y que sin duda merece alguna que otra bofetada de sus antiguas amantes. No se toma la vida demasiado en serio y eso le puede acarrear grandes problemas, pero los soluciona con su carisma.

Fleabag

Un personaje que busca aventuras —en este caso sexuales— en todas partes. La subtrama se complica tanto con este personaje que se enamora de la única persona que parece un reto inalcanzable: un cura. Fleabag se siente atraída por aquello que va más allá de lo normal, incluso de la espiritualidad. Con lo nihilista que es... Solo cuando se enamora se muestra realmente vulnerable y deja a un lado su armadura de cinismo.

El gato Fritz

Una parodia del alma libre de la era Flower Power, que no dudaba en enamorarse y desenamorarse de las gatas de turno, comenzar una revolución, acabar en una secta de moteros y, al final del día, contar la historia de su vida para poder ligar con más gatas aún.

PERSONAJES REALES

Billie Eilish

Tiene un sonido súper original y es un genio precoz de la música. Valiente, sin miedo a la hora de experimentar tanto en lo musical como en lo estético. Ha supuesto un antes y un después generacional, y eso que aún le queda mucha carrera.

Ludwig van Beethoven

Si hablamos de pasión, ¿quién mejor que uno de los pioneros del romanticismo en la música? Una persona con muy mala hostia (normal, porque era sordo) y, a la vez, un genio impresionante. Beethoven tuvo una vida estricta, pero también llena de aventuras y profundidad, bajo la influencia de sus colegas románticos.

John Cassavetes

Saber darle la vuelta a todo lo que tocan es algo tan de Sagitario... Sin duda, él lo hizo con el cine independiente norteamericano. Su forma de rodar era única y su pasión era tal que aceptó todo tipo de trabajos para poder financiar su arte.

Bill Hicks

Uno de los que marcaron el camino de la nueva comedia. Bill tuvo una vida llena de excesos, pero también era un señor profundo y un poco chapas. Su padre era reverendo y sus monólogos parecían los sermones de alguien que ha adoptado el «sexo, drogas y *rock and roll*» como imperativo moral.

Mark Twain

Son los primeros a empujar los límites, cuando el resto todavía no se atreven. En la novela *Las aventuras de Huckleberry Finn* Twain describió por primera vez una relación de amistad interracial sin hacer un problema de ello, un punto de inflexión en la la literatura anglosajona. Como buen Sagitario, no le daba miedo experimentar y era un currante de lo suyo. Ah, y tenía muchísimo sentido del humor.

TUS MOMENTOS MÁS ODIOSOS

Lo que tú ves es que eres la fuente natural de la verdad, no tienes tapujos para decirla. Eso te hace un ser confiable y querido por todos. Nada mejor que ser solidario y un libro abierto, ¿no es verdad?

Lo que vemos nosotros es que, aunque eres brutalmente honesto, también vas diciendo verdades que nadie te ha pedido, te vuelves insensible y cruel. Sabemos que tienes buen corazón y que la falta de tacto es involuntaria, pero ¡qué cantidad de enemigos te ganas por ser tú! ¡Ay, Sagitario!

EL REGALO MENOS DESEADO

- Una casa en la que te tengas que quedar para toda la vida.
- Lo que sea que esté de moda, solo porque está de moda.
- Desperdiciar un día festivo encerrado en un taller de autoayuda.
- Un manual de instrucciones de lo que sea (no te gusta seguirlas por ningún motivo).

EL COLMO DE LOS COLMOS

Eres el que manda, pero también eres creativo; explorar te apasiona y resolver mentalmente el mundo es un pasatiempo que muchas veces haces realidad. Pero si te ponen un proyecto con dos años de duración, se te reinicia la cabeza: no puedes soportar que te planeen hasta qué vas a almorzar durante una semana; lo que pase después de saludar para ti tiene que ser incierto, porque no soportas los plazos largos. Si estás saliendo con esa persona que te encanta y te regala entradas para el mejor concierto pero es dentro de un mes, la presión de tener que estar en esa relación de ahí hasta el día del evento te genera ganas de terminar la relación.

HOBBIES QUE ABORRECES

- Montar cualquier tipo de rompecabezas.
- Tejer punto de cruz.
- Hacer origami.
- Aeromodelismo.
- Jugar al bingo sin premio.

JAMÁS TE DISCULPARÁS POR...

Defender a tu tribu, la que está conformada por tu familia y tus amigos. Probablemente seas engreído de vez en cuando, que quieras atención, pero jamás te disculparás por defender a los tuyos, aunque fueran ellos quienes metieran la pata hasta el fondo. Eres leal —mezclado con ser terco y un poco iluso— y no permites que te toquen a los seres que quieres. Por lo tanto, podrás tener amigos que cometan los peores errores, que sean infieles, que se pasen un semáforo o dos o tres en rojo... no importa, ahí vas a estar para ellos tratando de resolver los problemas y viéndoles el lado bueno a las cosas que tal vez no lo tengan.

ANTIMATCH

Uy, Sagitario. Te recomendamos por tu bien que escribas en tus notas mentales, en tu diario y hasta en la puerta del frigorífico lo siguiente: ¡Aléjate de los signos de agua! Tú, como fuego que eres, te apagas rápidamente al contacto con el agua. Te preguntarás el porqué. Bueno, digamos que ellos son muy emocionales. Necesitan tener un compromiso fuerte de su pareja desde el inicio de la relación. Si no, se sienten inseguros, y eso es algo, querido Sagitario, que tú no puedes ofrecer.

Cáncer

Es la mamá que no quieres en tu vida, Sagitario. Te recibirá siempre con un «esto no es un hotel». No seas terco, que no puedes vivir anclado ni a tus propios anclajes. Además, tendrías que pedir permiso para casi cualquier cosa que se te ocurra. Escapa mientras puedas.

Escorpio

Al igual que tú, quiere hacer lo que le apetezca, pero justo le gusta lo que a ti no. Y aunque les encanta filosofar con respecto a las profundidades y el sentido de la vida, él quiere que solo respires cuando está a tu lado y jamás te dejará ir solito por la vida como a ti te gusta.

AMOR

¿CÓMO ERES EN EL AMOR, SAGITARIO?

Eres de espíritu descarado. Te hicieron con lo que quedaba de fuego —que no es poco—, añadieron mucha curiosidad, toda la intensidad del zodiaco y te dieron una pizca de adaptabilidad, que algunas personas confunden con paciencia. Te da más miedo decidir qué vas a almorzar que lo desconocido, y tu zona de confort queda exactamente en medio de viajes físicos o hacia tu interior.

Cuando estás *in love*, como no eres capaz de decirlo, en vez de hacer comentarios cursis le dices a quien te gusta que es inteligente y lo fácil que soluciona los problemas. Esto quiere decir que estás loco de amor y que no estarás un minuto más en este plano existencial sin esa persona. Como las palabras no fluyen para describir lo que sientes, porque ahí está tu defecto, buscas cualquier excusa para agarrarle el brazo y estar cerquita de esa persona. Sabes bien que el contacto físico genera importantes consecuencias y solo lo usas en caso de estar totalmente hechizado, o para calentar todo antes de una apasionante noche de placer.

De repente te conviertes en la persona más complaciente y te aseguras de que todo parezca fluir, incluso si tienes un poco de escepticismo lo guardas en el bolsillito de las monedas que traen los vaqueros para que sea imposible de sacar, porque eres, admítelo, un soñador que busca siempre ver el vaso medio lleno. Lo otro que guardas en ese bolsillo son los defectos del otro ser, te empeñas en que sea perfecto y le perdonas todo sin pelear... Guau, ¿tú, Sagitario, perdonando todo, sin armar una guerra por tener la razón? Pues así eres en el amor, tonto, como todos.

LO QUE NO HARÍAS NI POR AMOR

Aunque estés profundamente convencido de que esa es la pareja para el resto de tu vida —porque te es imposible pensar aquí y ahora—, si te pone hora de llegada o si entra al baño cuando tú lo estás usando, no es ahí donde te quedas. No importa que sea una persona inteligente, guapísima, divertida, y hasta crea en todos tus cuentos trascendentales de la vida después de la vida o de la muerte o lo que sea... si te sientes un poquito vigilado, se te apagan todos los motores y huyes de la mejor forma que sabes: más rápido que un avión.

AHÓRRATE LA TERAPIA

Si le vas a dar la oportunidad a esa persona que te tiene tan enamorado, es importante que tengas en cuenta lo siguiente. Ojo, no es una orden, pero sigue leyendo a ver si te dura una relación:

- Deja de correr y aprende a aburrirte de una vez, no te vas a morir. Está bien si no haces algo maravilloso, increíble y excepcional. Ser un humano común no es un crimen (al menos por un día).
- ¿Podrías, por favor, pensar en cómo decir las cosas, Sagitario? Te prometemos que te vas a ahorrar el 80 % de las peleas y, como regalo, no vas a tener que disculparte tanto.
- Hay formas de construir libremente un compromiso, pero para eso tienes que quedarte, incomodarte y escuchar a la otra parte.

¿CÓMO APLICAS EL *GHOSTING*?

A ti te gusta cuidar tu salud, y la verdad es que tener un alma dulce, cursi y pegajosa puede provocarte problemas de azúcar en la sangre. Las sobredosis de demostraciones de afecto te sacan corriendo de cualquier relación e incluso más si se puede sentir el dulzor en cada palabra que conforma los mensajes de texto que te envía cada cinco minutos. ¿Ver a esa persona diariamente? Eso ya sería un ingreso a urgencias por un coma diabético, y no, gracias, muy amables todos. Tu *ghosting* no es parcial, sino total. Eres de los que dice las cosas sin filtro y, en lugar de dejar de contestar a sus llamadas, citas a la otra persona en un lugar público para dejarle claro que no puedes seguir con la relación.

TU MEJOR LIGUE PARA UNA SOLA NOCHE

Géminis corre igual o más rápido que tú, pero cuando os llama la calentura y la pasión tenéis una conexión perfecta, envidiable. El Kamasutra jamás se vio tan corto de posiciones comparado con las que puedes llegar a hacer con este signo de aire.

TU AMANTE IDEAL

Sagitario, te equivocaste de elemento, porque encajas a la perfección con Géminis o Acuario. Tú eres puro viento pero que trasciende a la acción y busca lo profundo y el significado de la vida; aunque, para efectos prácticos, esos son detalles menores.

Tu zona cómoda es aquella de donde puedas irte sin reproches y volver a ser recibido como si nunca te hubieras ido. Con Géminis puedes hacer eso de irte y volver, pero no sabemos si tendrás que compartir la cama con un #3. Tú y Acuario casi podéis leeros la mente; necesitáis espacio, pero no tanto, os gusta pensar en el fin último de la existencia, la inmortalidad del cangrejo o en el próximo lugar que queréis explorar.

¿QUIÉN ES TU PEOR AMANTE?

Tauro no soporta la espontaneidad, para ellos todo debe estar programado y tú vives con las maletas hechas. No hay un signo más plantado —sí, como los árboles— a la tierra que el del toro. Y tú eres fantasía y espontaneidad pura; cada vez que le prepares una sorpresa, a Tauro le dará un preinfarto y si es un viaje casi lo podrías matar.

CÓMO NO ABURRIRTE, SAGITARIO

Para aburrirte solo necesitas que el interlocutor hable de sus emociones todo el tiempo; que te pregunte qué sientes cada cinco minutos o que te diga que necesita más compromiso de tu parte. Donde existan todos los sentimientos y se junten, ahí te aburres. Hasta te aburres de ti mismo cuando te quejas o cuando lloras. Y si no nos crees, pregúntale a tu pareja de turno cómo ha logrado que te mantengas seguro en la relación sin haber hecho ya tus maletas.

COMO EX ERES...

De tres a cinco días eres el peor enemigo de esa persona y sufrirás unos 15 minutos al día intensamente. Eso sí, en la soledad de tu rincón más escondido, porque las debilidades no son para signos como tú. Luego vuelves a tu creencia de que un clavo saca otro clavo y si funciona, y te deja de doler, a tu ex le llegará una invitación a tu próximo cumpleaños y será como ver a un viejo amigo de la infancia: al principio incómodo, pero con unos minutos de conversación lo retomaréis todo donde lo habíais dejado.

PARA QUE TE SOPORTES

La verdad es que para ser de fuego eres fácil de llevar casi todo el tiempo, pero a veces tienes unos arranques de furia que asustan hasta a los monjes tibetanos. Aquí tienes un par de recomendaciones para que controles tu mal humor y que los otros no tengan que aguantar todos esos gritos y verdades sin empatía.

- Los amigos son importantes, mucho, pero también son humanos, no son deidades perfectas como a veces quieres creer. Para que no te desinfles como un globo de cumpleaños, mantén a los humanos en la zona mortal, susceptibles de cometer errores e incluso de traicionarte.
- Todo tiene un final, sí, la vida es muy injusta y también se acaba, pero cuando antes comprendas que nada dura para siempre, más rápido te levantarás de los despechos; no de amor porque no sufres de eso, los despechos por sentir que ya no perteneces a algo de lo que eras parte. Tranquilo, eso también pasará.

DINERO

SAGITARIO Y EL DINERO

Sagitario, tienes una maestría y un posgrado en gastar hasta el último céntimo. Por eso te damos la bienvenida a la montaña rusa que son tus finanzas. Tú no controlas cuánto dinero tienes en el banco, tus ojos están puestos en sumar experiencias y gozar de la vida. Y si eso implica sumar algunas deudas, pues qué le vas a hacer.

La buena noticia es que contigo siempre hay un lado positivo, y así como gastas, también guardas. Vacúnate con una dosis de Paciencia Extra Forte de 10 mg para mantenerte enfocado en tus objetivos y que las monedas vuelvan a sonar en tu bolsillo. Seguro que a lo largo de tu vida ganarás mucho y perderás mucho y volverás a ganar en un bucle infinito que no termina nunca.

NI POR TODO EL DINERO DEL MUNDO

Antes muerto que atrapado en un trabajo repetitivo y monótono. Eres alérgico a las oficinas, inquieto descubridor, viajero empedernido y los planes a medio o largo plazo te provocan sarpullido. Que no te pidan estar sentado en un escritorio ocho horas, cinco días a la semana. No lo conseguirán.

Sagitario, tú tienes alma de *boy scout*, todo lo vinculado al aire libre, el movimiento, la libertad y el cambio te hacen sentir vivo y contento. Explora campos como el turismo, el deporte, la fotografía, la arqueología o la aeronáutica.

TALENTOS ESCONDIDOS PARA TRABAJOS IDÍLICOS

Tienes un don para las lenguas, no porque los idiomas te resulten fáciles, sino porque siempre tienes algo que decir. Y, a menos que te gane la impaciencia o uno de esos dolores de cabeza que sufres de vez en cuando, también sabes crear el discurso perfecto. Eso, sumado a tu creatividad y tu cautivadora personalidad (ay sí, ay sí), te hacen el candidato ideal para las relaciones públicas, las ventas, el marketing, la publicidad, el cine o el teatro.

Disclaimer sagitariano: quieres dejar tu granito de arena en esta aventura llamada vida. Carreras vinculadas a la educación o a las leyes te permitirán sentir que estás aportándole algo a este mundo de locos. ¿Un poco demasiado? Prueba con algún voluntariado.

¿EN QUÉ NO GASTAS TU DINERO?

Espejito, espejito, ¿quién se excede en los gastitos? No te sorprendas cuando veas tu propio reflejo en el cristal, Sagitario. Cuando tienes, gastas... es tu ley porque #SoloSeViveUnaVez. ¿Salir a comer? Sin dudarlo. ¿Poner la ronda de chupitos? Listo. ¿Irte de viaje? Equipaje listo. No escatimas y siempre estás dispuesto a poner la diversión para ti y los tuyos.

Spoiler alert: el problema es que te gusta gastar, pero no planificar. No te obsesionas comprobando lo llena que esté la hucha, puede que ande medio vacía y ni te hayas dado cuenta; y ahí sí que te toca remar contra la corriente.

¿CÓMO INVIERTES, SAGITARIO?

Siempre estás atento a nuevos negocios o sociedades que puedan surgir a tu alrededor. Vas a preferir involucrarte en el control de tus inversiones porque, ¡oh, sorpresa!, no quieres que te digan qué hacer. Y para que no nos llames aburridos, puedes invertir «un poco» en acciones *penny* o *micro-cap*: son asequibles, pero de alto riesgo y alta recompensa, como sabemos que te gusta.

Sagitario, ya sabemos que te da flojera, pero vas a tener que echarle ganas a tu organización financiera y al control de tus activos. Tu vida feliz y cómoda dependen de eso, sobre todo cuando las decisiones precipitadas son tu pan de cada día. A los impulsos diles «¡no!».

PARA QUE TE SOPORTES

Te pedimos humildemente que nos prestes atención, centauro. No es que te queramos decir qué hacer, sino simplemente darte uno que otro consejo para que tu vida económica mejore. Y aunque no los quieras escuchar, aquí van:

- «No puedo.» *¿Es-quius-mi*? Borra esa frase de tu vocabulario. Siempre positivo, para tu determinación nunca hay imposibles. No importa el desafío al que te enfrenten, haces que las cosas funcionen. Y si no sabes cómo, pues lo aprendes. ¡Vaya si es así! Te encanta probar cosas nuevas y tomar riesgos es tu religión.
- ♫ *Booorn to be wiiild* ♫ No te sobrecargues de trabajo y menos si es una tarea monótona; te aburrirás y ¡hasta la vista, *baby*! No quedes mal y solo acepta labores que te exciten la cabeza y el cuerpo.

SALUD

JÚPITER, PLANETA ENERGÉTICO

Para las alegrías, una cerveza. Y para las penas, también. A quién vamos a engañar, Sagitario, mantener una vida social tan activa tiene sus costes. No tienes problemas con la bebida, excepto cuando te prohiben servirte una. Entre tus corajes y tus salidas a beber y a comer, tu estómago y tu hígado son los más perjudicados. Más aún si tu hígado ya viene delicadito por mandato de tus estrellas. Y es que Júpiter es quien gobierna sobre ese órgano.

Pedirte que te encierres en casa no es la solución, pues ya te vemos pidiendo comida rápida y abriendo una cerveza bien fría. Pero al menos tómate un vaso de agua por cada vaso de alcohol que ingieras, despídete del tabaco y come a diario tu ración de frutas y verduras.

DEPORTES

Claramente, levantarte tempranísimo para hacer deporte no es una opción para ti: al alba acabas de llegar a casa y no sales de ella. Olvídate, entonces, de esos grupos de ciclismo o *running* que arrancan a la hora azul. Esos deportes podrán gustarte, pero tu despertador preferirá sonar siempre a las 9:00 a.m. Tampoco malgastes tu dinero inscribiéndote al gym; irás una, dos o tres veces y no lo pisarás más. Lo que tú necesitas, Sagitario, es cualquier deporte donde combines diversión con aventura, desde aprender una nueva coreografía en tus clases de zumba hasta hacer senderismo, escalada o correr carreras de montañas. Encontrar algo que te guste no será difícil, pues no eres el signo *fit* del zodiaco.

CUENTA HASTA 10, SAGITARIO

Tú no puedes dialogar, ¡tú te pasas el día gritando, Sagitario! Tienes la mecha más corta del zodiaco y por eso explotas rapidísimo cuando algo no te sale, te hacen esperar demasiado o te critican. También cuando estás aburrido y tienes ganas de pelear. Fíjate en estos consejos para que después no te sientas culpable por llegar a las manos con el pobre desafortunado que tenías cerca.

- Sal a dar una vuelta caminando, siente la brisa en tus mejillas y diviértete observando a la gente.
- Tómate fotos como el *influencer* que eres.
- Pon un capítulo de tu *reality* favorito.
- Limpia tu casa: te dirán rarito, pero tú sabes que es *la* fórmula para acallar tu mente.
- Vete de fiesta.

TUS FRASES MÁS ARROGANTES

- Te lo dije.
- Yo soy así, tómalo o déjalo.
- ¿Irresponsable? Nah, trabajo mejor bajo presión.
- Yo hubiera organizado una fiesta más divertida que esta.

LO QUE TE QUITA EL SUEÑO

Cuando no es la diversión lo que te mantiene despierto, hay otras dos opciones responsables de tu insomnio: tu amnesia de corto plazo o tu necesidad de estar bien con quienes te importan.

Basta que apoyes la cabeza en la almohada para que inmediatamente te acuerdes de todo lo que olvidaste hacer: que si dejaste en visto a tu *bestie*, que si no respondiste ese correo del trabajo u olvidaste comprar el papel higiénico cuando fuiste al súper. Tu distracción desaparece durante el día y hace su aparición durante la noche.

El otro ingrediente para tu insomnio es haber discutido con tu *crush*, tu familia o tus amigos. Te obsesionarás por arreglar las cosas y pasarás noches en vela maquinando cómo devolver el río a su cauce.

PARA QUE TE SOPORTES

ADVERTENCIA: Este manual puede herir susceptibilidades sagitarianas. Lee ateniéndote a las consecuencias.

- Basta de sobrecargarte de actividades. Sacar cita contigo es más difícil que hacerlo con el príncipe William. Si a otros les pedimos que lleven una vida activa, a ti te pediremos que te quedes quieto. Tu prescripción es: medita, vive el presente, hazte el *hippie*.
- Eso de andar de un lado para otro te hace omitir algunas comidas. Hazle caso a tu mamá y desayuna bien para arrancar fuerte el día. Llévate algunos *snacks* para tener a mano cuando te gane la locura y no te puedas sentar ni a almorzar.
- ¿Te echaron del trabajo? Cámbiate el *look*. ¿Te dejó tu *crush*? Cámbiate el *look*. ¿Prestaste dinero y no te lo devolvieron? Cámbiate el *look*. No te resolverá

los problemas, pero te ayudará a cerrar ciclos y arrancar de vuelta.

- Sabemos que estás «a la orden pa'l desorden», pero, *spoiler alert,* las horas en vela te pasan factura, Sagitario. Sobre todo cuando vivir bajo estrés, de un lado para el otro y con los plazos encima, es el único camino que conoces para subsistir. Métete en la cama temprano y oblígate a dormir.

RITUALES EFECTIVOS

PARA SER MÁS PACIENTE

Serás todo lo amistoso y bonachón que quieras, Sagitario, pero a nosotros no nos vengas con cuentos. Tu situación sentimental es ingobernable y tu estado civil, casado con la impaciencia. Evítate problemas y frustraciones siguiendo este ritual para tener más paciencia:

- ¿Recuerdas los relojes de arena pequeñitos que venían en los juegos de mesa? Pues consíguete uno que quepa en tu cartera o mochila y llévalo siempre contigo.
- Quédate mirando cómo cada uno de los miles de granitos de arena bajan por el reloj. Poco a poco vas a dejar de sentir que te pican los pies, que la ansiedad se te sale por la boca y se acallarán esas ganas de gritar un «VAAAMOS» a todo pulmón.

PARA QUE SE ENAMORE PERDIDAMENTE DE TI

Es difícil seguirte el ritmo, Sagitario... tanto en la vida como en el amor. Por eso guíate por estas pautas para que tu *crush* también pueda ir a 220 km por los caminos de la vida como tú.

- «¿Hola, con el organizador de las salidas más *cool* e inolvidables?» Sabemos que tus amigos siguen hablando de esa épica noche en que los llevaste a la fiesta de su vida. No te limites y planea una cita única para conquistar a tu *crush*. Eso sí, que no vaya a una fiesta masiva organizada por ti. Pasarás más tiempo saludando a todo el mundo que compartiendo con tu pareja.
- Cuando tu ligue te cuenta algún problema, no seas tímido —¡como si pudieras!— y dale sugerencias. Si ya le solucionas los problemas a tu jefe y arreglas los problemas de pareja de tus amigos, por qué

negarle un consejo a ese ser humano que te hace ojitos.

- Sí, sí... sabemos que siempre vas con la verdad por delante, *peeero* ¿al menos en la primera cita podrías controlarte un poco? Decir exactamente lo que piensas en el momento que lo piensas puede ser demasiado para algunos.
- En caso de que las cosas no fluyan o se enfríen, ni te preocupes. Tú superas los desamores en tiempo récord, así que recoloca tu objetivo y comienza con el primer paso de esta lista otra vez.

PARA QUE NUNCA ENFERMES

Corres el riesgo de que «exhausto por FOMO (*Fear of Missing Out*)» figure en tu autopsia como la causa de tu muerte. Te recomendamos repetir estos mantras al menos un par de minutos al día (o una tarde al mes... o, bueno, puede que una vez al año).

- Cuando te inviten a una fiesta y tengas trabajo al día siguiente repítete hasta que se te grabe: «El mundo no dejará de girar porque yo no vaya».
- Cuando hayas comprado billetes sin antes pedir vacaciones y te las nieguen, repítete: «Mi destino no se irá a ninguna parte y los aviones seguirán teniendo gasolina».
- ¿Se acaba de anunciar el esperado regreso a escenarios de tu artista favorito? Repite con nosotros: «No necesito gastar tanto dinero para demostrarle a los demás que realmente soy fan. No pasa nada si decido no ir».

OBJETO DE PROTECCIÓN

La conexión con tu objeto de protección, Sagitario, está escrita en las estrellas: ¿hay acaso algo más unido que un arquero y las puntas de sus flechas? Las puntas de flecha te protegen de las malas energías que van en tu dirección y, también, incentivan la fuerza y la valentía. Su terminación en punta representa el estar siempre atento y listo para actuar. Llévalas en un collar como objeto de protección o, si quieres, puede ser tu siguiente tatuaje. Sabemos que tienes una debilidad por adornar tu cuerpo como si fuera un lienzo en blanco.

TALISMÁN

La vieja y querida patita de conejo es tu talismán de la buena fortuna. Aunque el origen de esta superstición no está claro, han pasado siglos desde su nacimiento y hoy miles de personas siguen confiando en su poder. Pero, ey, por favor, hoy en día no necesitamos que la pata sea de un conejo ejecutado por un hombre bizco en una noche de luna llena; basta con una divertida patita de peluche. Llévala como llavero o cuélgala en el retrovisor del coche para ahuyentar a los espíritus malignos, las energías negativas y atraer la buena suerte.

AMULETO

Al más afortunado del zodiaco (ejem, ejem) las bendiciones le llueven; la cuestión es tener con qué agarrarlas. Es así como la cornucopia —un cuerno que se usa como recipiente y simboliza desde hace siglos la cosecha y la prosperidad— se convierte en tu amuleto para captar la buena fortuna y la abundancia que el universo lanza en tu dirección.

Pero ¿de dónde cuernos sacas un cuerno? No te pongas nervioso: puedes tener una cornucopia hecha de cerámica, mimbre, plástico, papel, piedra o metal (investiga un poco en internet). Lo importante es que sea hueca para colocar en ella unas monedas al fondo, hojas secas de romero, tomillo y perejil, y un papelito escrito a mano con lo que deseas que te llegue en abundancia.

PRUEBA

TU PRIMER ELEMENTO

A continuación, un test para saber si eres un Sagitario de tomo y lomo. Una forma infalible de descubrir si estás alineado con tu signo solar. Cinco preguntas sobre tu personalidad que revelarán el verdadero centauro que eres (o no):

1. ¿Alguna vez te has visto en una situación complicada y estando de acuerdo al mismo tiempo con una opción y con la contraria?

A) Por supuesto, es mi día a día.

B) Soy firme en mis opiniones, ¿cómo me va a pasar esto?

C) Me ha pasado, pero muy de vez en cuando.

2. ¿Alguna vez te has visto huyendo física o mentalmente de los problemas para no tener que afrontarlos?

A) Claro, el peor pecado es sentirme atrapado, ¡me sale fuego por la piel!

B) Nunca, la diversión y las risas son mi *mood*.

C) Alguna vez, pero dura bastante poco.

3. ¿Tu estilo de vida podría considerarse bohemio o fuera de la norma?

A) Sí. No creo que esta vida sea para todo el mundo, pero yo soy feliz así y me encanta ser un aventurero.

B) No. Tengo una vida estable y, para mucha gente, aburrida.

C) La improvisación y los nuevos desafíos me llaman a sus filas, pero también me encanta pasar tiempo de estabilidad con los míos. He encontrado el equilibrio.

4. ¿Cómo definirías tu forma de vestir?

A) Me encanta probar cosas nuevas y experimentar. Mi color es el rojo, ¡fuego en las venas!

B) Soy muy conservadora en cuanto a estampados y ropa. Me cuesta salir de los *outfits* de camiseta y vaqueros. El marrón es infalible.

C) En mis *looks* aparece alguna prenda nueva y alocada de vez en cuando, pero dentro de mi comodidad. El azul en todas sus tonalidades es un aliado.

5. ¿Alguna vez has pensado en dejarlo todo e irte al campo?

A) ¿Todos los días?

B) Nunca, me encanta ser urbanita y la vida social nocturna.

C) Alguna vez, pero solo los lunes.

RESULTADOS

A: Deberían multarte por exceso de Sagitario. Eres tan tu signo que asustas: te gusta la libertad y vivir fuera de la norma, eres intensa y divertida. ¿Quién no querría ser tu amiga?

B: Te gusta la estabilidad y las normas. No sueles apostar por cosas nuevas y te cuesta salir de tu zona de confort. Muy poco Sagitario por tu parte.

C: Eres una persona estable y con tendencia a las medias tintas. No eres Sagitario, pero podrías esforzarte para serlo un poco más, no está todo perdido.

TU SEGUNDO ELEMENTO

Es posible que hayas nacido Sagitario, pero todas las variables de tu carta astral te hacen tener matices que no te cuadran con algunas descripciones de tu signo. «Ya decía yo que todo esto no es cierto, me engañaron, esto se lo inventaron...». ¡PARA! Respira. Lo que queremos decir es que es posible que tu personalidad tenga influencias de otros elementos y eso significa que no todo es blanco o negro a la hora de ser humano, y esta prueba te puede ayudar a conocerte mejor, saber cuáles son esas pizcas de los otros elementos que te hacen único y también te ayudan a entender de dónde salen esas actitudes poco fogosas pero que son tan naturales en ti.

Centauro, ya sabes que tienes el fuego dentro. Te lo dice tu elemento, pero ¿sabes cuál es el otro elemento que predomina en tu vida?

Esta prueba está diseñada para que evalúes la porción que tienes de cada elemento y puedas equilibrar lo que te gusta y lo que no te gusta; averiguar de dónde salen esas reacciones tan poco sagitarianas o, por el contrario, confirmar que eres todo un huracán. Asigna un punto por respuesta positiva. Y si no eres ni uno ni otro, pues asigna medio punto por respuesta.

	SÍ	NO	A VECES
FUEGO			
¿Vives la vida a lo grande, sin reservas, sin importar lo que pase a tu alrededor?			
¿Eres auténtico, directo, dices lo que piensas y no dejas que nadie se imponga sobre ti?			
¿Eres el líder natural de todos tus círculos por ser el que planea, motiva y, a veces, manda hasta sin darse cuenta?			
Si alguien te cuestiona, ¿haces todo lo posible para demostrar quién es el que manda?			
¿Es inevitable para ti pensar que tu felicidad es lo más importante del «mundo mundial» y todo lo que se interponga entre tu felicidad y tú debe ser eliminado?			
Cuando hablas, ¿tienes un impulso descontrolado y dices todo lo que se te pasa por la cabeza sin pensar en las consecuencias?			
TIERRA			
¿Tus acciones son gobernadas por la lógica y no permites que los sentimientos interfieran en tus decisiones?			
¿Tienes síndrome del árbol? (Quieres sentarte en la misma silla, ordenar las cosas de igual manera en todos tus asuntos, es difícil pensar en una mudanza o en cambios drásticos repentinos.)			

	SÍ	NO	A VECES
¿Te gusta más tener un recuerdo físico y palpable que una loca experiencia?			
¿Eres apegado a tus pertenencias y podrías dedicarte a ser un coleccionista profesional?			
¿La disciplina es una característica fundamental para tener éxito en cualquier aspecto de la vida? (Hasta para la diversión creas reglas.)			
¿Podrías anteponer tu bienestar laboral a tu vida personal o tus gustos?			
AGUA			
¿Tus sentimientos mandan en tu vida? (Mejor dicho, ¿eres *drama queen?)*			
¿Piensas que nadie puede entender lo profundo de tus sentimientos?, ¿que los demás no sienten igual?			
¿Te es más fácil llorar que anudarte los cordones?			
Y aun con lágrimas en los ojos, ¿sientes que puedes con todo y que nada puede destruirte?			
A la hora del amor, ¿eres un romántico empedernido y tu pareja se convierte en el centro de tu vida?			
¿La palabra *infidelidad* te suena rarísima y no sabes ni siquiera cómo alguien puede pensar en otra persona que no sea su pareja?			

	SÍ	NO	A VECES
AIRE			
¿Tu gran pasión está en cómo puedes decir o entender todo lo que pasa a tu alrededor?			
¿Eres el alma de la fiesta y respiras vida social?			
¿Calculas todo, piensas demasiado y, muchas veces, esos pensamientos no llegan a concretarse?			
¿Puedes sostener una conversación de lo que sea, con quien sea, sin ningún tipo de problema?			
¿Solamente pensar en que vas a estar en el mismo lugar durante mucho tiempo te pone la piel de gallina y sientes horror?			
Cuando hablas con personas, ¿a menudo te dicen que se sienten comprendidas?			

¿Cuál fue tu mayor puntuación? Suma los puntos y descubre tu resultado en las siguientes páginas.

RESULTADOS

Mayoría de fuego

Lo dicho, el fuego se te sale por los poros. Una cama no será jamás tu lugar ideal para una noche de revolcón; la lentitud es tu kryptonita, vives alimentado de pasión y energía. Tienes una personalidad fuerte que se compara con el sol: a veces calientas y otras chamuscas. Te gusta vivir al límite, y te concentras con tanta intensidad que, muchas veces, no te das cuenta de qué pasa a tu alrededor o a quiénes pueden hacer daño tus actos.

Los signos de fuego son: Aries, Leo y Sagitario.

Mayoría de tierra

Qué bien que tengas un poco de tierra, porque andar por la vida solo quemando al mundo puede ser sinónimo de andar pidiendo perdón y ya sabemos que esa palabra es como chino avanzado para ti.

Tu carácter es fuerte y sólido, algunos dirían que terco y obstinado. A ti no se te olvidan tan rápido los problemas; puede que no hagas un escándalo, pero todo queda anotado en tu libreta. El sentido de propiedad privada trasciende a las personas, por lo que eres propenso a los celos.

Los signos de tierra son: Tauro, Virgo y Capricornio.

Mayoría de agua

Vas por la vida dejando fluir tu personalidad. Las emociones manejan la PlayStation de tu vida, no importa si es para arriba con la alegría o el amor o para abajo con la frustración y la tristeza. Todo lo sentirás con mucha intensidad y siempre haces lo que te dice el corazón —incluso si de planear la más fría de las venganzas se trata—. Tus reacciones pueden ser en extremo dramáticas cuando se trata de los sentimientos. En la cama tienes una lujuria potente que de agua mansa pasa a ser ese huracán rugiente que deja sin aliento y libera pura energía.

Los signos de agua son: Cáncer, Escorpio y Piscis.

Mayoría de aire

Eres un huracán de aire y agua que lo revuelve todo: un día quieres ver el mundo arder y eres el «grinch» del amor, y al otro día quieres volver a creer en los cuentos de hadas. Probar, experimentar y elegir TODAS las posibilidades es lo que te llama. Eso sí, tener tantas cosas en la cabeza al mismo tiempo hace que andes por la nebulosa y te cueste concentrarte o incluso concretar una sola. No toleras el aburrimiento, necesitas espacio y aire para no ahogarte; y es que la vida es una sola y no da para aburrirse por nada ni nadie.

Los signos de aire son: Géminis, Libra y Acuario.

Querido Sagitario, después de todo lo que hemos dicho en este libro, de cómo hemos descrito y desvelado los más íntimos secretos de tu personalidad (eso que ni a ti te gusta admitir o que no habías notado de manera consciente), creemos que esta prueba te ha enseñado que no debes ser tan inflexible con los extremos, sino que hay una enorme escala de grises en medio. Las variables de tu carta astral, que aquí te hemos mostrado, harán que cada vez te conozcas más y que estés preparado para todo en esta vida.

Ya que has sobrevivido a esta cantidad desproporcionada de verdades sin adornos, como te gusta, piensa en este libro como un manual de consulta al que puedes volver cada vez que se te olvide lo impulsivo, fiestero, explosivo, distraído, amistoso y seductor que eres. Si te gustan los secretos del horóscopo, seguro que te gustará conocer más de tu ascendente, tu Luna, y cómo entender las piezas que no te encajan del todo. Si es así no dudes en consultar los otros signos para acabar de soportarte a ti mismo.

GLOSARIO

Planeta regente, Mercurio retrógrado, signo ascendente... Respira hondo y no te desesperes. Hemos preparado un glosario para que entiendas mejor los términos.

Signo solar

El que le preguntas a tu *crush* y que siempre consultas en el horóscopo. Se define teniendo en cuenta en qué constelación se encontraba el Sol, el día y mes en que naciste.

Carta astral

Es la «foto» de cómo estaba el cielo aquel preciso instante en el que naciste. Con ella conocerás la posición exacta de los planetas: tu signo solar, tu ascendente y descendente, así como características únicas.

Signo ascendente

Representa la forma en la que te acercas a la vida y cómo te perciben los demás. Se define teniendo en cuenta qué signo asomaba por el horizonte al momento de nacer. Para saber cuál es el tuyo necesitas tu carta astral.

Signo descendente

Tu signo descendente —al ser el opuesto a tu ascendente— representa a tu posible compañero de vida. Calcúlalo de forma fácil: están a seis signos de distancia uno del otro. Conocerlo te ayudará a entender mejor a tu pareja y lo que buscas o encontrarás en ella.

Mercurio retrógrado

Este fenómeno se da cuando este planeta pareciera quedarse quieto e ir en retroceso, en «retrogradación». Y como Mercurio es el responsable de la comunicación, los malentendidos y desacuerdos están a la orden del día.

Planeta regente

Cada signo del zodiaco vibra de forma particular con un planeta del sistema solar o sus astros, y esa afinidad energética es la que define el planeta correspondiente a tu signo.

Elementos

La tierra, el fuego, el aire y el agua son los cuatro elementos de la astrología y cada signo del zodiaco está relacionado con uno de ellos. Los signos de tierra son cuadrados y confiables. Los de fuego son pura chispa, y con energía. Los signos de aire son visionarios y rápidos de pensamiento; y los de agua destacan por su intuición y sensibilidad.